Karl Heinz Schneider

Quellen und Archivarbeit

Band 2

Schriften zur Heimatpflege
Niedersächsischer Heimatbund

Wissenschaftlicher Beirat

Dr. Dieter Brosius, Hannover
Prof. Dr. Carl-Hans Hauptmeyer, Hannover
Prof. Dr. Heinrich Schmidt, Oldenburg
Prof. Dr. Hans-Heinrich Seedorf, Springe

Umschlagfoto: Antony Eaton, Herbert Rieck, Hannover

Herausgeber: Niedersächsischer Heimatbund e. V. Hannover, 1987
Lektorat: Ute Bertrang, Hannover
Gesamtherstellung: Landbuch-Verlag GmbH, Hannover
ISBN 3 7842 0360 4

Karl Heinz Schneider

Quellen und Archivarbeit

Bausteine
zur Heimat- und Regionalgeschichte

Landbuch

INHALTSVERZEICHNIS

VORWORT

Ziel dieses zweiten "Bausteins" ist es, Hilfen für die Arbeit in Archiven zu geben und auf verschiedene Quellen, die der Heimatforschung zur Verfügung stehen, hinzuweisen.

Das Heft möchte dazu beitragen, daß Heimatforscher ihre Arbeit genauer und sorgfältiger vorbereiten, so daß sie die Möglichkeiten, die etwa Archive bieten, besser nutzen können. Es soll ihnen einen Überblick verschaffen und zeigen, worauf sie besonders zu achten haben, wonach sie fragen müssen und wo sie Antworten auf ihre Fragen erhalten können. Schwierigkeiten, die im direkten Umgang mit mittelalterlichen Urkunden etwa oder frühneuzeitlichen Akten immer wieder auftreten können, sollen dagegen in weiteren Bausteinen eingehender behandelt werden. Das auch für die Möglichkeiten, Karten, Fotos und Gespräche systematisch und kritisch als Quellen zu nutzen.

Zu Beginn sei noch einmal auf die Notwendigkeit hingewiesen, vor, aber auch während der Quellenarbeit sich wissenschaftlicher und heimatkundlicher Literatur zu bedienen. Im Anschluß an den ersten Baustein, in dem diese Fragen ausführlich behandelt worden sind, können wir feststellen, daß die Kenntnis der Literatur
- einen Überblick der Forschungsergebnisse zum jeweiligen Thema vermittelt,
- in die allgemeine politische Geschichte und die Territorialgeschichte des Gebietes einführt, in welchem das zu erforschende Dorf oder die Stadt liegt,
- zeigt, wer schon mit welchen Ergebnissen über diesen Ort geforscht hat,
- hilft, von anderen, die etwas Ähnliches unternommen haben, zu lernen; etwa, welche Quellen sie benutzt haben, zu welchen Ergebnissen sie gelangt sind, welche Fragen unbeantwortet blieben,
- hilft, Fragen zu beantworten, die erst während der Quellen-Quellenarbeit auftauchen.

A QUELLEN ZUR HEIMATGESCHICHTE UND WIE SIE EINGETEILT WERDEN KÖNNEN

Unter Quellen sollen verstanden werden "alle Texte, Gegenstände oder Tatsachen, aus denen Kenntnis der Vergangenheit gewonnen werden kann"(KIRN, S. 29). Quellen sind demnach alle Zeugnisse vergangenen Lebens, gleich ob schriftliche (Briefe, Urkunden, Akten, Zeitungsberichte, Karten, Statistiken), Sachüberreste (archäologische Zeugnisse, Grenzsteine, Gebäude, Denkmäler u.a.), "Tatsachen" (Flurnamen, Sitte, Brauch) oder erzählte Erinnerungen.

Die verwirrende Fülle der Quellen kann nach verschiedenen Gesichtspunkten geordnet werden. Einer davon fragt danach, ob die Zeugnisse mit der Absicht hinterlassen worden sind, uns ein bestimmtes Bild ihrer Zeit zu vermitteln, oder ob sie unmittelbare Überreste des damaligen Lebens sind. Entsprechend dieser Frage werden Quellen in "Überreste" und "Tradition" unterschieden. Unter Überresten ist nach der Begriffsbestimmung v.BRANDTs "alles dasjenige Quellenmatierial zu verstehen, das von den Geschehnissen übrig geblieben ist" (S. 66). Überreste können in drei große Gruppen eingeteilt werden:
- Sachüberreste,
- abstrakte Überreste,
- schriftliche Überreste.

Wenden wir uns zunächst der letzten Gruppe, den schriftlichen Überresten zu. Gemäß der Begriffsbestimmung sind damit Quellen erfaßt, welche auf die jeweilige Gegenwart bezogen bleiben. Für die frühe Neuzeit (1500-1800) und die Neuzeit (ab 1800) liegt eine nahezu unübersehbare Fülle solcher schriftlicher Überreste vor. Damit drängen sie alle anderen Quellen gewissermaßen in eine Randposition.
Zu einem großen Teil bestehen diese schriftlichen Überreste aus dem Schriftgut der Behörden des frühneuzeitlichen und neuzeitlichen Staates. Erst in diesen Jahrhunderten entstand Verwaltung im heutigen Sinne. Sie hinterließ in zunehmendem Maße

schriftliches Material. Das geschah nicht in der Absicht, späteren Historikern ein bestimmtes Bild von der eigenen Zeit zu geben, sondern die gegenwärtigen Aufgaben der Verwaltung zu erfüllen. Das Material wurde aufbewahrt, um auch später der Verwaltung die Möglichkeit zu geben, einzelne Verwaltungsvorgänge zu rekonstruieren. Damit bildet es gewissermaßen das "Gedächtnis" des Staates und seiner Verwaltung.

Für den Historiker ist das ein wichtiger Tatbestand. Bedeutet er doch, daß diese schriftlichen Quellen nie den Anspruch erfüllen können, direkt ein bestimmtes Bild ihrer Zeit zu vermitteln (es sei denn ein Bild von der Arbeit der Verwaltung). Zwar erfahren wir über die Akten viel von der Vergangenheit, doch nur indirekt. Immer wieder müssen wir fragen, wer dort mit welcher Absicht und für wen etwas geschrieben hat. Nur wenn wir diese Fragen beantworten können, sind wir in der Lage, zu entscheiden, wie wir die vorhandenen Angaben in den Quellen einzuschätzen haben.

Hierher gehört die Überlegung, ob ein Register zum Beispiel hinreichend genau das erfaßt hat, was es erfassen sollte, oder ob ein Amtsbericht über nichtbäuerliche Bevölkerung auf dem Land deren Verhältnisse tatsächlich angemessen beschreibt oder vorrangig Vorurteile des Amtmanns, der diesen Bericht verfaßt hat, widerspiegelt. In solchen Fällen müssen diese Quellen sozusagen "gegen den Strich", also gegen die vordergründige Haltung des Verfassers gelesen werden. Über Absicht und Bedeutung des Schriftguts der Behörden können wir dann gut urteilen, wenn wir über die Geschichte der betreffenden Behörden und deren Geschäftsgang hinreichend informiert sind. Das ist ab dem 17. Jahrhundert tatsächlich meistens der Fall.

Wenn die Masse der schriftlichen Quellen der frühen Neuzeit von Behörden stammt und der schriftliche Niederschlag von deren Verwaltungstätigkeit sind, so läßt sich daraus auch schliessen, welche Informationen wir diesen Quellen entnehmen können und welche nicht. Sich darüber im Klaren zu sein, ist für den

Historiker wichtig. In den Akten berichten Beamte, also meist Ortsfremde, immer dann über das Dorf oder die Stadt, wenn bestimmte Verwaltungsaufgaben erfüllt werden müssen. Das geschieht etwa, wenn für die Erhebung neuer Steuern Register oder Kataster erstellt werden.

Es sind nicht die Einwohner selbst, die uns von ihrem Dorf berichten und dem Leben, welches sie darin führen. Sondern es sind Ortsfremde, die uns ihre Version hinterlassen haben. Selbst wenn auf den ersten Blick die Bürger und Untertanen zu sprechen scheinen, ist das selten tatsächlich der Fall. Zwar geschah es ab und zu, daß sie sich zu Wort meldeten - in Eingaben (Petitionen) etwa. Doch bis 1830/40 schrieben und formulierten sie im allgemeinen nicht selbst, sondern vertrauten sich einem Schreiber an. Der brachte dann den Brief in eine Form, die er für angemessen hielt. Dazu gehörte auch die Verwendung zeittypischer Höflichkeitsfloskeln, die mancher Eingabe den so demütigen Ton geben ("in Ehrfurcht ersterbend").

Im Schriftgut des frühneuzeitlichen Staates haben wir also nur Berichte über das Dorf vor uns. In kritischer Auseinandersetzung mit diesen Berichten müssen wir aus ihnen erschließen, wie sich die Lebensbedingungen in Dorf und Stadt tatsächlich entwickelt haben. Dazu gehört, wie schon gesagt, ein Lesen "gegen den Strich". Manche Bereiche des damaligen Lebens werden in den Akten nicht oder nur am Rande erwähnt, weil es nicht Aufgabe einer bestimmten Behörde war, darüber zu berichten oder weil es keinen Anlaß für einen Bericht gab.

Wie begrenzt und ausschnitthaft die Informationen von Quellen der Gattung Überreste sein können, zeigt an einem Beispiel v.BRANDT: "Das Sitzungsprotokoll des deutschen Bundesrates vom 9. November 1918 enthält keine Andeutung darüber, daß gleichzeitig in Deutschland eine siegreiche Revolution stattfand; sie gehörte nicht zu den protokollarischen Verhandlungspunkten." (v.BRANDT, S.70). Für viele Heimatforscher sind Protokollbücher (des örtlichen Gemeinderats etwa) eine verheißungsvolle

Quelle - bis sie diese in den Händen halten und **wegen der** dürftigen Angaben enttäuscht sind.

Sachüberreste sind einfach "da". Es sei denn, es bedarf intensiver Suche und sorgfältiger Ausgrabungen, um erst an sie zu gelangen und sie "zum Sprechen" zu bringen. Das gilt für archäologische Zeugnisse. Deren Bergung muß von Fachleuten vorgenommen werden. Amateure können hier nur in Teilbereichen helfen - Grabungen und Auswertung der Ergebnisse müssen den Fachleuten überlassen bleiben.

Archäologische Zeugnisse als wichtige Gruppe der Sachüberreste sind für schriftlose Kulturen die einzigen Quellen, die wir besitzen. Dabei sind sie immer aus einem Zusammenhang gerissen, den wir nicht kennen. Sie vermitteln uns zuweilen sehr genaue Kenntnisse über enge Teilbereiche des Lebens, tauchen diese in helles Licht, während dicht daneben alles im Dunkeln bleibt. Sachüberreste geben uns dabei vorrangig Informationen über die Sachkultur bestimmter Zeiten. Damit erfassen sie einen Bereich, den schriftliche Quellen nicht oder nur sehr unzureichend erfassen. So wissen wir recht gut über die Kleidung frühgeschichtlicher Menschen Bescheid (anhand von Moorfunden), deren Eßgewohnheiten oder die Größe ihrer Häuser (aufgrund von erhaltenen Pfostenlöchern). Doch dabei bleibt es. Wie teuer z.B. die Nahrung war, das wissen wir ebensowenig, wie wir die Höhe der Häuser oder deren Dachformen kennen.

Ihren Wert haben archäologische Zeugnisse auch aus der Sicht der Heimatforschung vor allem deshalb, weil sie uns angeben können, wann in frühgeschichtlicher Zeit schon Menschen in der Nähe unseres Heimatortes gelebt haben. Archäologische Zeugnisse aus jüngerer Zeit, in der schon schriftliche Quellen vorliegen, sind für die Dorfgeschichte selten. Anders ist es bei der Stadtgeschichte. Hier kann mittelalterliche Archäologie zunehmend Material bereitstellen, welches eine gute Ergänzung zu den schriftlichen Quellen bildet.

Abstrakte Überreste schließlich sind besonders schwierige Quellen - und vielleicht deshalb so beliebt. Reizen sie doch zum Spekulieren. Bräuche etwa auf ihren Sinn zu befragen, ist zwar reizvoll, doch letztlich wenig ergiebig, weil sie ihren ursprünglichen Sinn meist längst verloren haben und trotzdem weiter, wenngleich in sinnentstellter Form, ausgeübt werden.

Damit wollen wir den knappen Überblick beenden. Er hat vielleicht gezeigt, welche Vorteile und Nachteile Quellen der bisher behandelten Gattung "Überreste" haben. Ihr Vorteil ist, daß sie uns kein bestimmtes Bild von ihrer Zeit zu geben versuchen, sie bleiben auf ihre Gegenwart bezogen.doch berichten sie auch nicht, "wie es eigentlich gewesen ist", sondern sie enthalten im Falle der schriftlichen Quellen immer Ansichten und Meinungen, Beobachtungen und Überlegungen bestimmter Menschen. Anlaß, Standort und Stellung des Schreibenden sollten also, sofern das möglich ist, bei der Benutzung der Quelle berücksichtigt werden. Schließlich zeigen sie uns nur eng begrenzte Auschnitte der Vergangenheit, was bei den Sachüberresten, vor allem bei den archäologischen Zeugnissen, besonders deutlich wird.

Die meisten Vorteile aus der Sicht des Historikers haben die schriftlichen Überreste der Behörden des frühneuzeitlichen Staates. Bei ihnen läßt sich, etwa im Gegensatz zu mittelalterlichen Urkunden, am leichtesten ermitteln, unter welchen Umständen sie verfaßt wurden. Auch sie enthalten nur Mitteilungen über Ausschnitte des damaligen Lebens, doch wird dieser Mangel zumindest teilweise durch die Fülle und Vielgestaltigkeit der Überlieferung ausgeglichen.

Während Quellen der Gattung Überreste nicht versuchen, Späteren ein bestimmtes Bild ihrer Zeit zu hinterlassen, so ist genau das die Absicht der zweiten Gattung, der Quellen der Tradition. "Unter Tradition verstehen wir diejenigen Quellengruppen, die eigens und absichtlich zum Zweck (historischer) Unterrichtung geschaffen worden sind: was von den Begebenheiten übriggeblieben ist, hindurchgegangen und wiedergegeben durch menschliche Auffassung."(v.BRANDT, S.62) Quellen der Tradition

sind auf die Nachwelt bezogen, sie versuchen nicht nur Details,
sondern Zusammenhänge darzustellen. Mit welcher Absicht und
Wertung dies aber geschieht, muß vom Historiker wieder heraus-
gearbeitet werden. Nur wenn das gelingt, kann er über die Quellen ein objektiveres Bild der Vergangenheit erhalten.

Quellen der Tradition sind auch für die Heimatgeschichte zuweilen wichtig. So gibt es häufig Chroniken, die der Nachwelt
berichten sollen, was am Ort geschehen ist. Zu finden sind sie
u.a. in den Kirchen- und Pfarrarchiven, angefertigt von den
örtlichen Pastoren. Oft liegen solchen Kirchenchroniken bestimmte Anordnungen des Landesherrn oder des Konsistoriums als vor-
setzter Behörde zugrunde. Immer sind sie aber abhängig von dem
Mitteilungsbedürfnis und der Schreibfreudigkeit des Berichten-
den.

Erzählte oder aufgeschriebene Lebenserinnerungen gehören ebenfalls der Tradition an. In den letzten Jahren wurde vor allem
die mündliche Überlieferung (wieder) entdeckt. Sie brachte end-
lich Bevölkerungsgruppen zum Berichten, die bislang in den
schriftlichen Quellen nicht oder nur am Rande vorkamen. Damit
bildet die mündliche Überlieferung eine notwendige Ergänzung
zu den Akten der Behörden. Leider reichen ihre Informationen
nur etwa 80 Jahre zurück. Doch lassen sie uns ahnen, was alles
in dem umfangreichen Behördenmaterial nicht vorkommt.

Die Einteilung der Quellen in Überreste und Tradition wurde
für dieses Heft nicht übernommen. Vielmehr erfolgt eine Gliederung entsprechend der Überlegung, wo Quellen zur Ortsgeschichte
zu finden sind. Dabei mußte, wegen des nur einführenden Cha-
rakters, eine Begrenzung vorgenommen werden. Sie fiel nicht
schwer.

Die wichtigsten und zahlreichsten Quellen zur Heimatgeschichte
besonders der frühen Neuzeit lagern in den Archiven und sind
dort einer Benutzung (von Ausnahmen abgesehen) leicht zugänglich. Ohne die Auswertung dieser Bestände ist Heimatgeschichte
nicht möglich. Die in Archiven aufbewahrten Quellen, vorwiegend

der Gattung Überreste angehörend, dokumentieren, wie die zeit-
genössische Verwaltung die Menschen in Städten und Dörfern und
deren Lebens- und Arbeitsverhältnisse wahrgenommen hat.

Die "Quellen vor Ort", die im Teil C dieses zweiten "Bausteins"
vorgestellt werden, stellen dazu eine Ergänzung dar. Sie lassen
den Bürger selbst sprechen und bringen damit seine Sicht der
Vergangenheit zur Geltung, welche selten die der staatlichen
Verwaltung war.

Literatur:
Die Zitate dieses Kapitels wurden entnommen:

P. KIRN: Einführung in die Geschichtswissenschaft.
          5. Auflage, Berlin 1968.
A. von BRANDT: Werkzeug des Historikers. Eine Einführung in
          die Historischen Hilfswissenschaften.
          Stuttgart u.a. [6]1971.
          (neueste, zehnte Auflage von 1983)

B ARBEIT IN ARCHIVEN

1. Welche Archive gibt es, und wo finde ich das richtige Archiv für mein Thema?

Es gibt vier große Gruppen von Archiven:
- staatliche Archive,
- kommunale Archive,
- kirchliche Archive,
- private Archive.

Von diesen sind die staatlichen und kommunalen Archive am bedeutendsten. Die staatlichen Archive bewahren vorrangig das Schriftgut staatlicher Behörden auf. Außerdem lagern in ihnen Bestände nichtstaatlicher Herkunft wie kleinere Privatarchive oder die Archivalien einer kleineren Stadt, die kein eigenes Archiv unterhält.

Kommunale oder Stadtarchive enthalten die Überlieferung bestimmter Kommunen und deren Behörden. Zu beachten ist dabei, daß nach der Gebiets- und Verwaltungsreform Ende der 70er Jahre auch viele Gemeindearchive von den Archiven der Städte übernommen wurden, in die die entsprechende Gemeinde eingegliedert wurde. Somit sind Stadtarchive nicht nur für den Stadtforscher, sondern auch für die Dorfforschung von Belang.

Unter den Privatarchiven ragen aus der Sicht der Heimatforschung die Gutsarchive heraus. Z.T. befinden sie sich noch in privater Hand und sind deshalb nicht immer frei zugänglich. Oft sind Gutsarchive aber auch bei staatlichen oder kommunalen Archiven deponiert und damit recht gut durch Findbücher erschlossen und für eine Benutzung frei (auch hier sind Ausnahmen natürlich möglich).

Der Aufbewahrungsort der kirchlichen Archive ist unterschiedlich. Verwiesen sei auf regionale Verzeichnisse (s.u. HILLEBRANDT, Stadtarchive). Notfalls sollte bei der eigenen Kirche wegen des Verbleibs des Kirchenarchivs nachgefragt werden.

13

2. Archive in Niedersachsen - Standorte, Zuständigkeiten, Öffnungszeiten, Literatur.

Die folgende Übersicht faßt kurz die niedersächsischen Staatsarchive zusammen. Die Angaben erfolgen nach Faltblättern, die von der Archivverwaltung für die einzelnen Staatsarchive herausgegeben worden sind. Sie enthalten jeweils die untenstehenden Angaben (meist in erweiterter Form), sowie Hinweise zu der Struktur der Bestände und zur Archivgeschichte. Die Angaben hier beanspruchen keine Vollständigkeit, sondern dienen lediglich der ersten Information. Hinsichtlich der Öffnungszeiten können sich Änderungen ergeben.

Niedersächsisches Hauptstaatsarchiv **Hannover**
Anschrift: Am Archive 1, 3000 Hannover 1
Öffnungszeiten: Mo.-Fr. 8.00-13.00 Uhr
                Sa. 8.00-13.00 Uhr
Zuständigkeit: Zentralbehörden des Kurfürstentums/Königreichs/
               der Provinz Hannover; des Landes Niedersachsen;
               Mittel- und Unterinstanzen der alten Regierungs-
               bezirke Hannover, Hildesheim und Lüneburg (Han-
               nover ohne Schaumburg).
Literatur: C.HAASE,u.a.: Übersicht über die Bestände des Nieder-
           sächsischen Staatsarchivs in Hannover. Bisher 3 Bände.
           Göttingen 1968 bis 1983.
           M.HAMANN,u.a.: Quellen zur ländlichen Sozialgeschichte
           im Niedersächsischen Hauptstaatsarchiv in Hannover.
           Göttingen 1975.

Niedersächsisches Staatsarchiv **Aurich**
Anschrift: Oldersumer Str. 50, 2969 Aurich
Öffnungszeiten: Mo.-Di. 8.00-13.00 Uhr, 14.30-18.00 Uhr
                Mi.-Fr. 8.00-13.00 Uhr, 14.30-17.00 Uhr
                Sa. 8.00-13.00 Uhr
Zuständigkeit: Das "historische Territorium Ostfriesland", seit
               1978 die Stadt Emden und die Landkreise Aurich
               und Wittmund.
Literatur: G.MÖHLMANN/J.KÖNIG: Geschichte und Bestände des Nie-
           dersächsischen Staatsarchivs in Aurich. Göttingen 1955.

Niedersächsisches Staatsarchiv **Bückeburg**
Anschrift: Schloß, 3062 Bückeburg
Öffnungszeiten:Mo.-Fr. 8.00-16.00 Uhr
Zuständigkeit: Gebiet der alten Grafschaft Schaumburg, bis
1978 die Landkreise Schaumburg-Lippe und Graf-
schaft Schaumburg, jetzt Landkreis Schaumburg.
Literatur: F.ENGEL: Die schaumburg-lippischen Archive und zentra-
len Registraturen. 1955 (überholt)

Niedersächsisches Staatsarchiv **Oldenburg**
Anschrift: Damm 43, 2900 Oldenburg
Öffnungszeiten: Mo.-Fr. 8.00-16.00 Uhr
Sa.   8.00-13.00 Uhr
Zuständigkeit: Gebiet des alten Herzogtums Oldenburg, bzw.
seiner Vorgänger und Nachfolger.
Literatur: H.LÜBBING: Die Bestände des Staatsarchivs Oldenburg.
Gesamtübersicht und Archivplan. Oldenburg 1943.
W.ORTH: Quellen zur Hof- und Familienforschung im
Staatsarchiv Oldenburg. Göttingen 1963.
S.HARTMANN: Das Niedersächsische Staatsarchiv in
Oldenburg. Eine Einführung für Archivbenutzer.
Göttingen 1978.

Niedersächsisches Staatsarchiv **Osnabrück**
Anschrift: Schloßstraße 29, 4500 Osnabrück
Öffnungszeiten: Mo.-Fr. 8.30-16.30 Uhr
Sa.   8.00-13.00 Uhr
Zuständigkeit: Bereich des ehemaligen Regierungsbezirks
Osnabrück.
Literatur: TH.PENNERS,u.a.: Übersicht über die Bestände des
Niedersächsischen Staatsarchivs in Osnabrück.
Göttingen 1978.

Niedersächsisches Staatsarchiv **Stade**
Anschrift: Am Sande 4c, 2160 Stade
Öffnungszeiten: Mo.-Fr. 8.00-13.00 Uhr, 14.30-17.30 Uhr
Sa.   8.00-13.00 Uhr
Zuständigkeit:bis 1978 Regierungsbezirk Stade, entsprechend den

alten Herzogtümern/Fürstentümern Bremen und Ver-
den, danach Regierungsbezirk Lüneburg.
Literatur: E.WEISE: Geschichte des Niedersächsischen Staats-
archivs in Stade nebst Übersicht seiner Bestände.
Göttingen 1968.
W.DEETERS: Quellen zur Hof- und Familienforschung im
Niedersächsischen Staatsarchiv in Stade. Göttingen 1968.

Niedersächsisches Staatsarchiv **Wolfenbüttel**
Anschrift: Forstweg 2, 3340 Wolfenbüttel
Öffnungszeiten: Mo.-Fr. 8.30-16.30 Uhr
                Sa.   8.00-13.00 Uhr
Zuständigkeit: Gebiet des Staates Braunschweig (bis 1946),
               danach Verwaltungs- bzw.Regierungsbezirk Braun-
               schweig.
Literatur: H.KLEINAU: Übersicht über die Bestände des Nieder-
           sächsischen Staatsarchivs in Wolfenbüttel.
           Göttingen 1963.

Grundsätzlich sollte in den jeweiligen Archiven, die benutzt
werden, nach weiteren Hilfen für die Orts- Familien- und Hof-
geschichte gefragt werden. Die obigen Angaben stellen für die
meisten Archive nur eine knappe Auswahl dar. Deshalb lohnt
sich eine entsprechende Frage immer (falls man von den Archi-
varen nicht ohnehin auf entsprechende Hilfen verwiesen wird).

Weitere Literatur:
Für die niedersächsischen Stadtarchive liegt ein eigenes Hand-
buch vor:
W.HILLEBRAND, Hrg.: Handbuch der niedersächsischen Stadtarchive.
    (Veröffentlichungen der niedersächsischen Archivverwaltung. Heft 40)
    Göttingen 1981.
    Darin u.a. Überörtliche Archivinventare, Kirchenbuchver-
    zeichnisse, Anschriften der niedersächsischen Staatsarchi-
    ve und der kirchlichen Archive, die Stadtarchive mit knap-
    per Übersicht ihrer Bestände.
Über Forschungsstätten und Staatsarchive informiert auch:
H.JÄGER,Hrg.: Methodisches Handbuch für Heimatforschung. Hildesheim 1965.

Auch nichtniedersächsische Archive enthalten wichtige Quellen
zur niedersächsischen Geschichte, wie z.B. die Staatsarchive
Münster und Marburg.

Einen Überblick über die staatlichen Archive in der Bundes-
republik und der DDR einschließlich Literaturangaben bietet:
E. G. FRANZ: Einführung in die Archivkunde. Darmstadt 1974
    Anhang A.
Einen umfassenden Überblick enthält:
ARCHIVE. Archive im deutschsprachigen Raum. (Minerva-Hand-
    bücher). 2 Bde. 2. Auflage, Berlin - New York 1974.
Die hier angeführte Literatur ist in den Niedersächsischen
Staatsarchiven und in der Niedersächsischen Landesbiliothek
Hannover zu finden. Große Stadtbibliotheken führen im allge-
meinen auch die Beständeübersicht des für den Bereich zustän-
digen Staatsarchivs.

3. Zur Vorbereitung der Archivarbeit

Arbeit in Archiven ist meist zeitraubend, vor allem aber for-
dert sie vom Forscher, dem ungeübten allemal, einige Vorbe-
reitungen. Archivarbeit sollte möglichst nicht ohne entsprechende Vorarbeiten durchgeführt werden. Zu diesen gehören:
- Kenntnis der Literatur zum jeweiligen Thema.
Auf die Notwendigkeit dieser Kenntnis ist schon im ersten Baustein und in der Einleitung ausführlich hingewiesen worden.
Literaturkenntnis dient u.a. der Einschränkung der Archivarbeit auf ein vertretbares Maß, aus ihr können aber auch erst
bestimmte Fragestellungen für die Arbeit mit den Quellen entwickelt werden.
- Kenntnis der jeweiligen Verwaltungs- und Behördengeschichte.
Dies ist eigentlich ein Teil der Literaturkenntnis, doch ein
für die Archivarbeit besonders unumgänglicher. In den Staatsarchiven finden sich im wesentlichen die Akten bestimmter Behörden. Und zwar sind sie in der Ordnung verblieben, wie sie
zum Zeitpunkt des Entstehens nach den Erfordernissen der Behörden angelegt worden sind. Notwendig ist deshalb die Kenntnis,

17

welche Behörden zu welcher Zeit für den zu untersuchenden Ort
welche Rolle gespielt haben.
- Ermittlung, welche Quellen schon gedruckt vorliegen.
Dabei handelt es sich meist um Urkundeneditionen und um regi-
sterförmige Quellen, die im Original oft nicht mehr vorgelegt
werden. Sie sind im ersten Baustein ausführlich vorgestellt worden.
- Vertrautheit mit Schrift und Sprache.
Vor allem das Lesen und Verstehen von alten Handschriften ist
eine unabdingbare Voraussetzung. Allerdings kann man sich in
die deutschen Kanzleischriften, wie sie seit dem 16. Jahrhundert verbreitet waren, schnell einlesen. Auf einige Hilfen ist
unten hingewiesen. Außerdem bietet die Kontaktstelle Regional-
forschung beim Niedersächsischen Heimatbund dazu Seminare an.

Literaturhinweise:
Eine Einführung in die Historischen Hilfswissenschaften bietet:
A. von BRANDT: Werkzeug des Historikers. Eine Einführung in
    die Historischen Hilfswissenschaften. Stuttgart 1971 (und
    weitere Auflagen).
v. BRANDT behandelt u.a. die Historische Geographie, die Chro-
nologie und die Genealogie. Für die Archivarbeit, aber auch
grundsätzlich die Arbeit mit Quellen ist das Kapitel III wichtig: "Die Quellen". Es enthält eine Einführung in die allgemeine Quellenkunde, die Paläographie, die Urkunden und Akten,
die Heraldik, die Siegel und die Münzen. Hinweise auf Literatur runden die einzelnen Kapitel ab.

Als brauchbares Nachschlagewerk zur Erklärung vor allem rechts-
geschichtlicher Begriffe hat sich erwiesen:
HABERKERN/WALLACH: Hilfswörterbuch für Historiker.
    Mittelalter und Neuzeit. 2 Bde. 5. Auflage, München 1977.

Erste Hilfe bei Lese- und Verständnisschwierigkeiten geben
die Veröffentlichungen der Marburger Archivschule:
K.DÜLFER, Bearb.: Gebräuchliche Abkürzungen des 16.-2o. Jahr-
    hunderts. (Veröffentlichungen der Archiv-Schule Marburg.
    Nr. 1) 5. Auflage, Marburg 1981.

DERS./H.-E. KORN: Bearb.: Schrifttafeln zur deutschen Paläographie des 16.-2o. Jahrhunderts. 2 Teile. (Veröffentlichungen der Archivschule Marburg. Nr. 2) Marburg 1966.
K. E. DEMANDT: Laterculus notarum. Lateinisch-deutsche Inter-
pretationshilfen für spätmittelalterliche und frühneu-
zeitliche Archivalien. Mit 3 Tafeln spezieller Zahlen-
schreibung des 14.-16. Jahrhunderts. (Veröffentlichungen
der Archivschule Marburg. Nr. 7) 3. Auflage, Marburg 1979.

Hilfe bei allen Fragen der Datierung bietet:
GROTEFEND: Taschenbuch der Zeitrechnung des deutschen Mittel-
alters und der Neuzeit. 12. Auflage, Hannover 1982.
Schließlich gibt einzelne Hilfestellungen:
H. JÄGER, Hrg.: Methodisches Handbuch für Heimatforschung in
Niedersachsen. Hildesheim 1965.

**4. Arbeit in Archiven - erläutert am Beispiel Niedersächsischer
Staatsarchive**

a) Die Benutzung des Archivs

Fragen der Benutzung regelt die gültige Benutzungsordnung. Dem
neuen Benutzer wird eine solche gleich zu Beginn seiner Tätig-
keit im Archiv zusammen mit dem Benutzungsantrag ausgehändigt.
Hier sei nur auf einige Punkte hingewiesen.
§ 2: "Die Benutzung der Staatsarchive ist grundsätzlich jeder-
mann möglich, der ein Interesse geltend macht und die Benutzungsordnung einhält."
Für jedes zu bearbeitende Thema ist jährlich ein Benutzungsantrag zu stellen. Bei Verstößen gegen die Benutzungsordnung
kann ein Ausschluß von der Benutzung erfolgen (§5). Benutzungsbeschränkungen gelten vor allem für jüngere Archivalien:
- Archivalien, die jünger als 3o Jahre sind, werden grundsätz-
  sätzlich von einer Benutzung ausgeschlossen.
- Der Benutzer hat die Erkärung abzugeben, "daß er bei der
  Verwertung von Erkenntnissen aus Archivalien, die jünger
  sind als 6o Jahre, die Urheber- und Persönlichkeitsschutz-

rechte sowie den Schutz berechtigter Interessen Dritter beachten wird und daß er für die Verletzung dieser Rechte ein-
steht". (§7)

Benutzungsbeschränkungen können auch bei solchen Akten ausge-
sprochen werden, die bei dem jeweiligen Archiv nur gelagert
(deponiert) sind, wie Guts- und Familienakten, oder solchen,
deren Zustand eine Benutzung nicht erlaubt oder die schon in
gedruckter Form vorliegen.

Der Heimatforscher kann wie jeder Benutzer viele zusätzliche
Einrichtungen der Archive benutzen. Dies sind Lesegeräte für
Mikrofilme oder Mikrofiches, Quarzlampe (zum Lesen verblasster
Schriften), Fotokopiermöglichkeiten und die Dienstbibliothek.
Die den Archiven angeschlossenen Büchereien sind für den jeweiligen Zuständigkeitsbereich gut ausgestattet. Somit wird
man dort die wichtige regional- und ortsgeschichtliche Literatur finden. Dies gilt auch für ungedruckte Manuskripte,
Examens- und Magisterarbeiten. Hinzu kommen Nachschlagewerke
und Hilfsmittel wie Wörterbücher. Allerdings können die Bücher nicht ausgeliehen, sondern nur im Benutzersaal gelesen
werden.

Hingewiesen werden muß auch auf die Verpflichtung, nach Er-
scheinen von Arbeiten, "die mit wesentlicher Verwendung von
Archivalien eines Staatsarchivs verfaßt sind", dem Archiv ein
kostenloses Exemplar zuzusenden (§16).

Auf die Verpflichtung zum sorgfältigen und pfleglichen Umgang
mit den Archivalien sei ausdrücklich hingewiesen - er dürfte
sich freilich von selbst verstehen.

Literatur:

C. HAASE: Die niedersächsische Archivverwaltung. Die Staats-
    archive und ihre Aufgaben. (Veröffentlichungen der Nieder-
    sächsischen Archivverwaltung. Sonderheft 1) 2. Auflage,
    Göttingen 1978.

b) Der Aufbau der Archive

"Archive sind Behörden und Einrichtungen, die ausschließlich
oder doch vorrangig mit der Erfassung, Verwahrung und Erschlies-
sung derartigen Archivguts befaßt sind, das im Regelfall von
den Stellen, bei denen es erwachsen ist, an die Archive abge-
liefert wird." So lautet die Definition bei FRANZ in seiner
"Einführung in die Archivkunde" (S.2 - der genaue Titel ist
unten zu finden). Kern der Bestände der einzelnen Staatsarchive
sind also die Akten bestimmter Behörden. Das Prinzip, die
Archivalien nach ihrer Herkunft in Bestände zu gliedern, wird
Provenienzprinzip genannt (im Gegensatz zum Pertinenzprinzip,
welches nach dem Sachinhalt der Akten die Bestände bildet).
Bei größeren Territorien mit einer komplizierten Behördengeschichte ergibt sich eine entsprechend vielgestaltige Gliederung der Bestände des zuständigen Archivs. Zu diesen Beständen kommen in der Regel noch gesonderte Urkundenabteilungen,
Kartensammlungen und andere Sammlungen. Am Beispiel eines ver-
gleichsweise kleinen Archivs, des Niedersächsischen Staatsarchivs Bückeburg, soll dies kurz verdeutlicht werden. Die
Bestände des Archivs gliedern sich in folgende Abteilungen:

Orig. = Urkunden
L   = Akten der Behörden der alten Grafschaft Schaumburg (bis
        1640/48) und der Grafschaft (ab 1807 Fürstentum, ab
        1918 Freistaat) Schaumburg-Lippe
H   = Akten der Behörden der Hessischen Grafschaft Schaumburg
K   = Akten der Schaumburg-Lippischen Hofkammer
F   = Fürstlich Schaumburg-Lippisches Hausarchiv
D   = Nachlässe und Privatarchive
Dep. = Deposita
S   = Sammlungen

Diese Abteilungen sind noch weiter aufgeteilt, so die Abteilung
L in L 1 bis L 4. Zur Erschließung der einzelnen Akten dienen
Findbücher. Diese Findbücher sind meist maschinengeschrieben
und verzeichnen jede einzelne Akte mit Angabe der Signatur,
des Titels und des Zeitraums, für den sie angelegt wurde. Zu
einem Findbuch gehören eine Einleitung, ein Inhaltsverzeichnis

21

und zuweilen auch ein Register. Für die systematische Arbeit
in einem Archiv ist es notwendig, sich zuerst mit den Beständen
des jeweiligen Archivs vertraut zu machen. Erst danach kann
entschieden werden, welche davon intensiver mit Hilfe der Findbücher auf einschlägiges Material durchgesehen werden müssen.

Eine erste knappe Übersicht der Bestände des Archivs, seiner
Geschichte und seines Zuständigkeitsbereiches enthalten Falt-
blätter, die bei den Archiven ausliegen. In diesen sind auch
Anschrift, Telefonnummer und Öffnungszeiten (wichtig!) vermerkt.
Kurze Literaturhinweise runden diese ersten Informationen ab.
(Die oben angegebene Übersicht der Gliederung des Niedersächsi-
schen Staatsarchivs Bückeburg entstammt einem solchen Faltblatt.)

Literatur:
E.G.FRANZ: Einführung in die Archivkunde. Darmstadt 1974.
Der schmale Band unterrichtet über Archive, Archivgut, Archi-
vare und ihre Aufgaben und die Archivbenutzung. Den einzelnen
Kapiteln sind jeweils Literaturhinweise beigegeben.

c) Eine unentbehrliche Hilfe: Die Beständeübersichten
Angesichts der Fülle des in staatlichen Archiven gelagerten
Materials und der manchmal verwickelten Geschichte der Archive
selbst ist es unumgänglich, eine Art Leitfaden für die Nutzung
der Bestände zu haben. Zwar sind die Aktentitel in einzelnen
Findbüchern genau verzeichnet. Doch schwillt selbst in kleineren Archiven die Zahl dieser Findbücher so an, daß der Benutzer eine Hilfe benötigt. Diese liegt für alle Niedersächsischen
Staatsarchive in Form von sogenannten Beständeübersichten vor.
Am Beispiel einer solchen Übersicht soll deren Bedeutung kurz
erläutert werden. Heranziehen wollen wir die "Übersicht über
die Bestände des Niedersächsischen Hauptstaatsarchivs in Hannover. Band 3. Mittel- und Unterbehörden in den Landdrostei-
bzw. Regierungsbezirken Hannover, Hildesheim und Lüneburg bis
1945. Bearb.: M. Hamann u.a. (=Veröffentlichungen der Nieder-
sächsichen Archivverwaltung Heft 42). 2 Halbbände. Göttingen 1983.

In seinen Vorbemerkungen weist HAMANN auf die Bedeutung dieser Bestände hin. Die Akten der hier behandelten Behörden "sind in erster Linie für die Landes- und Lokalgeschichte von Bedeutung"(Ebenda S.5). Dabei handelt es sich um sehr umfangreiche Bestände, deren Benutzung durch diese Übersicht erleichtert werden soll. Denn:

"Der Zugang zu diesen Beständen wird sich dem mit der historichen Geographie des Archivsprengels und der hannoverschen Behördengeschichte Unvertrauten nicht ganz leicht öffnen."(S.5) Doch nicht nur die umfangreiche Überlieferung kann Probleme bereiten, sondern auch wiederum deren Geschichte. Noch einmal sei HAMANN zitiert:"Schließlich ist die Überlieferung, insbesondere der unteren Behörden, nicht allein das Ergebnis rationeller Überlegungen, sondern beruht auch und nicht zuletzt auf mancherlei Zufälligkeiten. Überall haben Brände, Kriege, unterschiedliche Bewertungen und schlichte Schlamperei ihre Spuren hinterlassen."(S.8f.)

In zwei Halbbänden ist aufgeführt, welche Mittel- und Unterbehörden Akten hinterlassen haben. Es sind dies u.a. die Landdrosteien, die Regierungen, die Ämter, Kreise, Gemeinden und Polizeibehörden. (Halbband 1). sowie die einzelnen für die Landwirtschaft (etwa Klosterämter, Domänenrentämter), die Steuer-, Zoll- und Katasterverwaltung, den Hoch-, Tief- und Wasserbau sowie den Verkehr, die Wirtschaft und das Gesundheitswesen, das Kirchen- und Schulwesen und das Justizwesen zuständig gewesenen Behörden.

Von diesen sind zwei von besonderer Bedeutung für die Orts- und Regionalgeschichte: die Landdrosteien und die Ämter. Am Beispiel des Amtes Meinersen sollen kurz die Informationen in der Beständeübersicht erläutert werden. Zunächst ist (auf S. S. 347) die Signatur der Bestände angegeben (Hann. 74 Meinersen), sowie die verwaltungsmäßige Zugehörigkeit des Amtes. Angegeben ist ferner der Zeitraum, für den Akten vorliegen (1508 - 1914), der Um-

fang der Akten und Findmittel. Es folgt eine Übersicht über die
Verwaltungsgeschichte des Amtes, welche aufgrund von Teilungen
"im Zuge der Verwaltungsreformen des 19.Jh." (S.347) verhält-
nismäßig kompliziert ist. Schließlich wird auch auf die Geschich-
te der Akten eingegangen, dabei werden Besonderheiten erwähnt.
An diese Darstellung schließt sich eine Übersicht der Gliede-
rung der Akten von Hann. 74 Meinersen an.
Sie sind wie folgt gegliedert:
I Hoheitssachen
II Steuersachen
III Dominalia
IV Gemeindesachen
V Polizeisachen
VI Konsistorialsachen
VII Militärsachen
Weitere Stichpunkte, die diesen Unterteilungen zugeordnet sind,
ermöglichen schon einen recht genauen Aufschluß darüber, wo
nachzusehen ist. Der Zeitraum, für den jeweils Akten vorlie-
gen, ist ebenfalls angegeben. Das Kapitel über das Amt Meiner-
sen wird mit kurzen Literaturhinweisen abgeschlossen.

Neben dem Weg, über das Inhaltsverzeichnis die Beständeübersicht zu benutzen, gibt es auch den über das Sachregister. Genutzt werden sollten auch die Register der einzelnen Findbücher,
sofern vorhanden.

d) Besondere Hilfsmittel zur ländlichen Sozialgeschichte

Neben den die jeweiligen Bestände insgesamt erfassenden Beständeübersichten sind auch für eine Reihe von Archiven noch
einmal Auswahlübersichten herausgegeben worden, die sich besonders an den orts- und heimatgeschichtlich interessierten
Forscher wenden. Für Hannover sind das die
Quellen zur ländlichen Sozialgeschichte im Niedersächsischen
Hauptstaatsarchiv in Hannover. Berb.: M. HAMANN u.a. (=Veröf-
fentlichungen der Niedersächsischen Archivverwaltung Heft 34).
Göttingen 1975.

Die Übersicht erfaßt "in etwa die Regierungsbezirke Hannover,
Lüneburg und Hildesheim in ihrem Umfang von 1970" (S.11).
Erfaßt ist der Zeitraum bis um 1800. Die Übersicht ist geglie-
dert nach Ämtern, Gerichten, Klöstern und Städten.

Wieder am Beispiel des Amtes Meinersen soll auf die Nutzungs-
möglichkeiten verwiesen werden. Unter Amt Meinersen (S.150f.)
finden wir zunächst die dazugehörigen Orte und knapp die verwaltungsmäßige Gliederung. Es folgt die Aufstellung registerförmiger Quellen von 1564 bis 1771, vom Viehschatzregister über
das "Verzeichnis der wüsten Stätten" von 1687 bis zum Kontri-
butionskataster (von 1771). Den jeweiligen Akten sind die entsprechenden Signaturen zugefügt, wobei in diesem Fall die alten
Signaturen, noch nicht die neuen angegeben sind. Diese sind
dem zugehörigen Findbuch zu entnehmen.

Mit dieser Aufstellung erhält der Benutzer einen Überblick
über die für seinen Raum wichtigen registerförmigen Quellen,
die gleichsam das Gerüst einer Ortsgeschichte darstellen.
Allerdings sollte diese Übersicht nur als erste Anregung und
Hilfe verstanden werden, denn sie ist zeitlich sehr knapp ge-
faßt. So fehlen die registerförmigen Quellen des 19. Jahrhunderts. Damit können die "Quellen zur ländlichen Sozialgeschichte"
nicht den Blick in die Beständeübersicht oder gar die Findbücher ersetzen. Schließlich fehlen alle anderen Akten zur
Dorfgeschichte wie etwa Meierbriefe, Ablösungsverträge, Schul-
akten u.a.m. Sie können nur über die Findbücher erschlossen
werden.

Eine Reihe wichtiger registerförmiger Quellen aus dem Niedersächsischen Hauptstaatsarchiv liegt mittlerweile gedruckt vor
(siehe Baustein 1). Diese Quellen werden dem Benutzer nicht
mehr im Original vorgelegt.

Andere Niedersächsische Staatsarchive haben ähnliche Veröffentlichungen vorgelegt, so z.B.
W.ORTH: Quellen zur Hof- und Familienforschung im Staatsarchiv
    Oldenburg. Göttingen 1963.

W.DEETERS: Quellen zur Hof- und Familienforschung im Niedersächsischen Staatsarchiv Stade. Göttingen 1968.

Grundsätzlich sollte gefragt werden, ob im jeweiligen Archiv
solche Veröffentlichungen vorliegen oder ob maschinenschrift-
liche Zusammenstellungen bestehen. In der Regel weisen die
zuständigen Archivbeamten auf Hilfsmittel dieser Art hin.

Literatur:
M.HAMANN: Zur Edition der sogenannten Erbregister in den
altwelfischen Territorien. Niedersächsisches Jahrbuch
für Landesgeschichte Nr. 57, 1985, S. 287 - 295.

e) Arbeit mit Findbüchern

Nach der Durchschicht von Beständeübersichten und weiteren
spezielleren Findmitteln dürfte in der Regel feststehen, welche
Findbücher durchgesehen werden müssen. In den Findbüchern sind
jeweils die Akten bestimmter Behörden verzeichnet. Das Schema,
nach dem dieses geschehen ist, haben wir schon grob bei den
Beständeübersichten kennengelernt.

Im Inhaltsverzeichnis des Findbuchs finden wir dieses Schema
wieder, jetzt allerdings ausführlicher. In einigen Fällen sind
für die Findbücher zusätzlich Sach- und Ortsregister angelegt
worden, die die Suche nach bestimmten Sachverhalten erleich-
tern. Das Ordnungssystem, nach dem das Findbuch aufgegliedert
ist, wurde im allgemeinen dem Registraturschema der jeweiligen
Behörde angepaßt, spiegelt also deren Verwaltungsgesichtspunkte
wider. Im Findbuch kann man daher nicht, z.B. bei den Amtsakten, eine Gliederung nach Orten erwarten. Im Gegenteil, gerade bei dem Amtsakten kann man fast unter allen Rubriken etwas
finden, das auch für die Dorfgeschichte wichtig ist, z.B.unter
- Hoheitssachen u.a. historisch-statistische Nachrichten mit
  registerförmigen Quellen
- Steuersachen u.a. mit Steuerlisten
- Dominalia
- Gemeindesachen

- Polizeisachen u.a. mit Ablösungssachen
- Konsistorialsachen u.a. mit Schulsachen
- Militärsachen

Das Findbuch muß also gründlich durchgesehen werden. Dabei
empfiehlt es sich, die gefundenen Akten gleich zu notieren,
und zwar in Anlehnung an das Schema, welches auch im Findbuch
verwandt wird. Zu Beginn dieser eigenen handschriftlichen Aufstellung sollten das Staatsarchiv und die Nummer des Findbuchs
verzeichnet werden, dann die Signatur der Akte, der Titel und
der Zeitraum, in dem die Akte angelegt worden ist. Das kann
etwa so aussehen:

NStAH Hann. 74 Meinersen (NStAH für Niedersächsisches Hauptstaatsarchiv Hannover, dann der Titel des Findbuchs, hier Amt
Meinersen)

Nr.	Titel der Akte	Zeit
759	Vergleichung des Zustandes der Untertanen vor dem Kriege (1756) und nach dem Kriege (1760)	1760

Oft findet man zwei Signaturen, eine ältere und eine jüngere.
Die aktuelle wird in der Einleitung des Findbuches genau be-
schrieben, notfalls sollte man den aufsichtsführenden Beamten
fragen, um unnötige Fehlbestellungen zu vermeiden. In unserem
obigen Beispiel müßte übrigens auf dem Bestellzettel stehen:

Hann. 74 Meinersen 759 .

Das Aufschreiben aller vielleicht in Frage kommenden Akten
eines Findbuchs v o r dem Bestellen einzelner Akten sollte
möglichst eingehalten werden. Es hat den Vorteil, daß das Findbuch nicht immer wieder eingesehen werden muß. Vor allem erhält man durch ein solches Vorgehen eine bessere Übersicht. So
läßt sich immer leicht überblicken, welchen Stand die eigene
Arbeit erreicht hat.

Arbeitet man schließlich mit den Akten und Registern, so sollte wie bei der Literatur jeweils genau vermerkt werden, woher

die Notizen stammen. Also heißt es wieder, bei jeder Abschrift Staatsarchiv, Findbuch, Nummer der Akte, Titel und Zeitraum, bei paginierten Akten auch die Seiten- bzw. Blattzahl (r = Vorderseite, V = Rückseite) aufzuschreiben. Außerdem sollte man notieren, wer (etwa Amt Hagenburg) wann (steht am Ende des Schreibens) an wen (vorgesetzte Behörde oder Privatperson) geschrieben hat oder ob es sich um ein Protokoll der betreffenden Behörde (mit Datumsangabe) handelt.

Es empfiehlt sich, die Notizen auf DIN A 4 Bögen anzulegen, wobei mit neuen Akten auch neue Blätter begonnen werden. Das manchmal beliebte Kladdensystem , also alle Notizen fortlaufend in einer Kladde einzutragen, ist nicht empfehlenswert. Das im ersten Baustein vorgestellte Karteikartensystem hat sich gut bewährt.

Schließlich sollten auch Fotokopien sofort nach dem Kopieren mit den entsprechenden Vermerken (auf der Rückseite) versehen werden. Nachträglich ist es praktisch nicht mehr möglich, eine "anonyme" Seite wieder der richtigen Akte zuzuordnen.

Die hier vorgeschlagene Arbeitsweise scheint auf den ersten Blick umständlich und zeitaufwendig zu sein. Sie hat jedoch so viele Vorteile, daß sie nicht einzeln dargelegt werden können. Zwei Beispiele sollen genügen.

Immer wieder kommen Benutzer ins Archiv und versuchen verzweifelt zu rekonstruieren, woher sie eine Notiz oder Fotokopie haben. Reisen werden deshalb unternommen und Tage vergehen mit Suchen. Das kann bei der hier vorgeschlagenen Methode nicht passieren.

Bei vielen Archiven können die Akten bereits per Post für einen bestimmten Termin vorbestellt werden, so daß am Tag des Archivbesuchs keine Wartezeiten entstehen. Dafür müssen natürlich die genauen Signaturen der Akten angegeben werden. Bei der hier vorgeschlagenen Arbeitsweise ist das möglich. Sie spart auf D a u e r wirklich Zeit, Geld und Nerven.

f) Zusammenfassung

Nach den bisherigen Überlegungen ließe sich etwa folgender Ablauf der Arbeit im Archiv festlegen, wobei immer individuelle Unterschiede vorkommen werden.

1. Bibliographieren - Durchsicht der wesentlichen Literatur zum jeweiligen Thema.
2. Kennenlernen der Behörden- und Verwaltungsgeschichte mit Hilfe von Literatur und der Beständeübersichten des betreffenden Archivs.
3. Vertrautmachen mit dem Aufbau und den Beständen des Archivs mit Hilfe der Beständeübersichten.
4. Ausnutzen spezieller Übersichten zur Hof-, Familien- oder ländlichen Sozialgeschichte.
5. Klärung, welche Behördenüberlieferung für das gestellte Thema in Frage kommt, danach Bestellung der betreffenden Findbücher.
6. Durchsicht der Findbücher und Notieren der gewünschten Akten (mit Titel, Signatur des Findbuchs und der Akte, Zeitraum der Akte).
7. Bestellen der einzelnen Akten.

Bis man also mit den Akten arbeiten kann, sind sieben Schritte notwendig. Deren Dauer hängt ganz von den Vorkenntnissen, aber auch von dem gewünschten oder möglichen Arbeitsumfang ab. Grundsätzlich solle man sich aber für die Schritte 1 - 6, vor allem 3 - 6 Zeit lassen, um nicht wichtiges Material zu übersehen.

Bei der Arbeit mit Findbüchern sollten Hilfen wie Einleitung, Inhaltsverzeichnis und Register (nicht immer vorhanden) intensiv genutzt werden. Deshalb ist die Zeit, die mit den Beständeübersichten und Findbüchern verbracht wird, keineswegs verloren, auch wenn natürlich der Wunsch groß ist, möglichst schnell an die Akten zu kommen.

Schließlich sei noch einmal daran erinnert, sich die Nummer des Findbuchs, bei Besuch mehrerer Archive auch den Namen des betreffenden Archivs und die Nummer, den Titel und den Zeitraum der Akte zu notieren.

Fotokopien oder Auszüge aus Akten ohne diese Angaben sind später fast wertlos.

C QUELLEN "VOR ORT"

Staatsarchive bewahren Quellen, die bei Behörden entstanden
sind. Es gibt aber auch eine Reihe von Zeugnissen, die aus dem
Ort selbst stammen. Ihnen sollen die nachfolgenden Überlegungen gewidmet sein.

Diese "Quellen vor Ort" stellen eine wichtige Ergänzung zu den
Quellen dar, die im Archiv gefunden werden können. Wohlge-
merkt: Ergänzung, nicht Ersatz! Im Archiv erhalten wir einen
grundlegenden Überblick über die entscheidenden Entwicklungen
im Ort, seine Bevölkerungs- und Besitzstruktur, die Entwicklung des Schulwesens, von Gewerbe und Handel.

Seit dem 19. Jahrhundert verwalten sich unsere Gemeinden zu
einem Teil selbst, wobei diese Verwaltung ihren Niederschlag
in schriftlichen Aufzeichnungen gefunden hat. Nach denen sollte auch gesucht werden. Sie werden allerdings nicht sehr alt
sein, in der Regel werden sie nur bis in die letzten Jahrzehnte
des 19. Jahrhunderts zurückreichen. Doch damit stellen sie gerade für die jüngere Geschichte unserer Orte wichtige Informationen zur Verfügung. Zumindest die Protokolle der Gemeinde-
räte liegen fast immer vor, dürfen aber für die letzten 60 Jahre nur summarisch - ohne Nennung von Namen - , ausgewertet
werden.

Nach den Gemeindeakten sollte ruhig zuerst im Ort selbst gefragt werden. Da das Amt eines Bürgermeisters früher ehrenamt-
lich war,sind solche Akten manchmal in Privathand verblieben.
Eine andere Frage ist es, ob man dann ohne weiteres an sie
herankommt.

Viele früher selbständige Gemeinden sind durch die Gebiets-
und Verwaltungsreform anderen Gemeinden angeschlossen worden.
So enthalten gerade Stadtarchive oft die Gemeindeakten der in-
zwischen übernommenen Mitgliedsgemeinden.

31

Von nicht zu unterschätzender Bedeutung ist auch das Material,
welches Privatpersonen gehört. Oft sind es alte Eheverträge -
Verträge überhaupt - , alte Briefe oder Rechnungen, vielleicht
aber auch Tagebücher oder Anschreibebücher (in denen die Bau-
ern u.a. Einnahmen und Ausgaben notierten) aus dem 19. oder
gar 18. Jahrhundert.

Vor allem Tage- und Anschreibebücher können wichtige Informationen über das Leben der Menschen im Dorf vermitteln, Informationen, die anders kaum oder gar nicht zu finden sind. Hier
haben wir dann das seltene Glück, nicht nur etwas ü b e r
die Menschen früher zu erfahren, sondern v o n ihnen.

Es gehören Glück, Ausdauer, Vertrauen und Überredungskunst dazu, um an Material dieser Art zu gelangen. Oft weichen die Befragten aus berechtigten Gründen den Fragen aus und sprechen
nicht von dem, was sie an alten Schriften, Zeitungen oder Fotos besitzen. Erst müssen sie ihren Gesprächspartner kennen,
ehe sie ihm etwas zeigen oder gar mitgeben, wobei man die
Rückgabe niemals vergessen darf. Für jemanden, der im Dorf
oder der Stadt schon seit Jahrzehnten lebt, stellt sich dieses
Problem anders als für denjenigen, der als Zugezogener die Geschichte seines jetzigen Heimatortes kennenlernen will.Diese
Überlegungen führen zu einer weiteren Quellengattung, die besonders in den letzten Jahren viele Freunde gefunden hat.

1. Die mündliche Überlieferung im Dorf

Seit einiger Zeit gibt es eine verstärkte Hinwendung zur mündlichen Überlieferung. Zunehmend wurde und wird danach gefragt,
wie die Menschen im Dorf, in der Stadt, in der Fabrik selbst
Geschichte erlebt haben. Geschichte aus der Sicht der einfachen
Menschen soll der Geschichte gegenübergestellt werden, wie
sie aus Zeugnissen von Behörden und von Angehörigen der Ober-
und Mittelschicht bisher geschrieben worden ist. Die Hinwendung zur mündlichen Überlieferung kam aus den USA und Schweden
und fand in Deutschland eine schnelle Verbreitung. Allerdings

wurde diese Quelle auch hier schon früher genutzt, z.B. von
der Volkskunde und auch von vielen heimat- und ortsgeschicht-
lich Interessierten.

Welche Möglichkeiten bietet die mündliche Überlieferung nun
für unsere Fragestellungen? Was ist bei ihrer Benutzung zu
beachten? Wo liegen ihre Risiken?

Mündliche Überlieferung hat einen Nachteil, der durch nichts
zu beseitigen ist: sie reicht nicht weiter als die Erinnerung
der ältesten lebenden Zeugen zurück. Das sind in der Regel die
letzten 60 bis 80 Jahre. Damit setzt sie bei der Zeit des
Ersten Weltkrieges und der Weimarer Republik ein. Doch es ist
nicht die "große" Geschichte, über die sie Informationen vermitteln kann, sondern das alltägliche Leben der Dorfbewohner.
Selbst die Frage nach dem Erleben der für die "große" Geschichte
so bedeutsamen Zäsuren, wie etwa des 30. Januar 1933, wird
selten befriedigende Antworten zur Folge haben.

Weiter werden Fragen führen, die auf Kindheit, Jugend, Arbeits-
und Schulverhältnisse in diesen Jahren abzielen. Die heute
Sechzig- bis Achtzigjährigen waren damals ja junge Leute oder
gar noch Kinder. Nur aus diesen Lebensbereichen sind also
brauchbare Antworten zu erwarten. Themen, die gerade durch
mündliche Überlieferung gut dokumentiert werden können, sind
auch die Zeit des Nationalsozialismus, des Krieges und der
Nachkriegszeit. Doch ist bei diesen Themen besonders auf die
noch zu nennenden psychologischen Probleme zu achten, abgesehen
von Schwierigkeiten, die sich bei der Veröffentlichung der Ergebnisse einstellen können (was aber nicht zu einer Vernach-
lässigung dieser Themen führen sollte).

Hilfreich können die Erinnerungen älterer Mitbürger aber auch
sein, wenn es um Veränderungen im Dorf geht, sei es, um die
Entwicklung von Landwirtschaft, Gewerbe und Handel zu dokumentieren oder Veränderungen im Baubestand , in Straßenführungen
und anderem mehr. Hier kann mündliche Überlieferung zur besten
Quelle werden - einer Quelle allerdings, die auch kritischer

Prüfung bedarf. Gerade bei solchen Fragestellungen stellen
Fotos eine ideale Ergänzung zur mündlichen Überlieferung dar.
Ohne die Hilfen älterer Dorfbewohner ist es in der Regel kaum
möglich, die auf alten Fotos vorhandenen Informationen voll zu
nutzen. Andererseits geben die Fotos Anregungen und Hilfestellungen für das Erinnern.

Es zeigt sich, daß mündliche Überlieferung wie auch jede andere Quelle nicht isoliert benutzt werden sollte. Die menschliche Erinnerung ist sicherlich leistungsfähiger, als manche
wahrhaben wollen. Doch bleibt sie im Detail auch trügerisch.
Gerade auf das Detail kommt es aber an, wenn man eine Dorfgeschichte schreiben will. Deshalb ist es unumgänglich, nicht
nur die gegebenen Informationen kritisch zu überprüfen, sondern auch, sie mit anderen zu vergleichen. Das können z.B.
die Informationen sein, die man aus den Akten im Staats- oder
Gemeindearchiv erhalten hat. Für die jüngere Zeit bieten sich
auch Zeitungsartikel an, die gerade für die 20er und 30er Jahre
viel Material enthalten. Aber auch amtliche Statistiken und
Adreßbücher können hier weiterhelfen (z.B. beim Auflisten älterer Gewerbebetriebe mit Hilfe mündlicher Überlieferung und
schriftlichen Hilfsmitteln).

Eine Korrekturmöglichkeit stellen natürlich und vor allem die
Angaben anderer Gesprächspartner dar. Gerade diese Möglichkeit
sollte man immer nutzen. Besonders als Jüngerer und eventuell
Ortsfremder sollte man den Weg der vielen Gespräche wählen,
um einseitige oder gar falsche Informationen zu vermeiden.

Damit sind wir bei einem weiteren wichtigen Punkt. Im allgemeinen haben wir es mit Quellen zu tun, die fertig vorliegen. Sie
müssen von uns zwar noch bearbeitet werden, bedürfen der kritischen Überprüfung. Bei der mündlichen Überlieferung ist es
anders. Hier entsteht die Quelle erst durch unser Fragen. Oft
sind es erst die Fragen des Historikers, die die Erinnerung
des Befragten reaktivieren.

Vieles, was uns heute wichtig erscheint, mag den Befragten zunächst höchst unbedeutsam, nebensächlich vorkommen. Vieles wurde sicherlich auch vergessen oder verdrängt. Hier kann das gezielte Fragen eine entscheidende HIlfe darstellen. Bei der Frage nach Gewerbebetrieben im Dorf vor 50 Jahren können eine etwa zeitgleiche Statistik oder ein Adreßbuch entscheidende Erinnerungs-Anstöße geben. Das gilt auch bei Fragen nach bestimmten Bevölkerungsgruppen im Dorf, etwa den Juden. Hier ist oft viel Wissen geradezu verschüttet und muß erst durch aktive Hilfe des Fragers freigelegt werden.

Wir, die Fragenden, spielen also bei der mündlichen Überlieferung eine wichtige, nicht zu unterschätzende Rolle. Da ist es schon ein großer Unterschied, ob man im Dorf groß geworden ist und nahezu alle, vor allem die Älteren persönlich kennt, oder ob man jung und zugezogen, also fremd ist. Im letzteren Fall sollte man erst vorsichtig in das Dorf "hineinhören", ehe man beginnt, gezielt zu fragen. Dieses "Hineinhören" ist für den Fremden besonders wichtig, denn nur so lernt er seine Gesprächspartner kennen (gerade aus den Bemerkungen anderer), wird feinfühlig für das, was "zwischen den Zeilen" gesagt wird. Im Dorf haben wir es ja nicht einfach mit den Erinnerungen einzelner Personen zu tun, sondern diese Erinnerungen stehen immer in Beziehung zu denen von anderen Dorfbewohnern. Nur werden diese Beziehungen nicht offen genannt, sind z.T. auch gar nicht bewußt. Als Ortsfremder sollte man sich an sie langsam herantasten.

Eine solche Phase des Hineinhörens hat auch den Vorteil, daß der Fragende selbst allmählich Vertrautheit erlangen kann. Einem Fremden wird, wenn überhaupt, nur berichtet, wie man sich oder das Dorf gern sehen möchte. Jenem aber, den man kennt, der sich als vertrauenswürdig erwiesen hat, wird man sich anvertrauen mit seinen Erinnerungen und Berichten. Dieses Verhältnis sollte auch bei einer späteren Veröffentlichung nicht bloßgestellt werden. Trotzdem bedürfen die gegebenen Informationen einer kritischen Prüfung und Sichtung.

Anders als bei wissenschaftlichen "oral history" - Projekten
bleibt der Fragesteller und spätere Autor einer Dorfgeschichte
meist im Dorf, muß sich also mit jenen weiter auseinandersetzen, von denen er mündliche Informationen erhalten hat. So ist
nicht nur das Erhalten mündlicher Informationen ein Problem,
sondern auch gerade bei deren Veröffentlichung. Hier wird man
sorgfältig prüfen müssen, was man an Erinnerungen verwertet
und wie man sie in seine Darstellung einbaut.

Gespräche mit älteren Dorfbewohnern können ein Bild vom früheren Dorf verschaffen, auch von seinen Wandlungen in den letzten 50, 60 Jahren. Sie können einem aber auch neue Quellen
erschließen, wie z.B. Fotos, Briefe, Tage- und Anschreibebücher.
Die mündliche Überlieferung stellt also nicht nur eine wichtige und für die neuere Geschichte sicher unverzichtbare Quelle
dar, sondern sie ist Teil des Versuchs, sich mit den Menschen,
die im Dorf gelebt haben und leben, persönlich auseinanderzusetzen. Damit ist sie die Voraussetzung für eine wirklich
"lebende" Dorfgeschichte.

2. Fotos als Quelle der Dorfgeschichte

Es wurde schon angedeutet und soll jetzt ein wenig vertieft
werden: Fotos stellen eine wichtige Quelle für die Dorfgeschichte
dar. Wichtig sind bereits die Wege, die nötig sind, um an Fotos
zu gelangen, die Gespräche mit den Dorfbewohnern und ihr Vertrauen. Ohne weitere Hilfe sind die Bilder aber von geringem
Wert. Die üblichen Fotoalben enthalten meist nur wenig Informationen über die abgebildeten Personen, Ereignisse und Gebäude.
Danach muß gefragt werden (womit die Verbindung zur mündlichen
Überlieferung schon hergestellt ist). Oft ist es zu spät oder
fast zu spät für solche Fragen, denn auch im Dorf reichen
einige Fotos bis in die letzten Jahrzehnte des vorigen Jahrhunderts zurück. Und für diesen Zeitraum versagt häufig die Erinnerung der ältesten Dorfbewohner. Mithin stellt das Sammeln und
Bearbeiten alter Fotos schon an sich einen wichtigen Beitrag
zur Dorfgeschichte dar, auch wenn damit nicht die Absicht einer
Veröffentlichung verbunden ist.

Fotos können bei der weiteren Arbeit eine große Hilfe darstellen, wenn sie dem Dorf, etwa in Form einer Ausstellung, zugänglich gemacht werden. Dabei kann die Ausstellung ruhig anspruchslos gestaltet sein. Neue Fotos, Kontakte und Anregungenwerden durch eine solche Ausstellung auf jeden Fall erreicht.

Bilder sind für viele Bereiche des dörflichen Lebens eine wichtige Quelle. Sie zeigen Veränderungen im Alltagsleben besonders anschaulich. Das gilt z.b. für die Veränderung der Arbeitsweisen in der Landwirtschaft: von der reinen (oder fast reinen) Handarbeit über die ersten Maschinen bis hin zur vollen Mechanisierung. Gleiches gilt für andere Berufe, insbesondere die Handwerke.

Bilder geben Auskunft über das Selbstverständnis der abgebildeten Menschen, etwa wenn sie sich für den fremden Fotografen postiert haben. Aufnahmen von Konfirmanden können zeigen, inwieweit noch Trachten (und welche) im Dorf getragen wurden. Familienaufnahmen können etwas aussagen über das Verhältnis der einzelnen Familienmitglieder zueinander.

Eindrucksvoll ist die Darstellung des Wandels durch Gegenüberstellung von alt und neu. Doch sollten solche Gegenüberstellungen nicht in wertender Absicht erfolgen. Sie eröffnen einen Zugang zu den Wandlungen, die die Funktion von Gebäuden oder auch Wegen und Plätzen erfahren haben. Wenn an der Stelle eines ehemals "schmucken" Fachwerkhauses heute ein eintöniger und einförmiger Neubau (gar ein Bungalow) steht, so hat das nicht allein mit verändertem Geschmack zu tun. Vielmehr hat der landwirtschaftliche Betrieb selbst eine erhebliche Wandlung erfahren, die auch an den Bauten sichtbar wird.

Fotos sind also eine wichtige Quelle. Sie beginnen jedoch erst dann ihre Informationen preiszugeben, wenn sie richtig befragt werden. Nur in Kombination mit mündlichen Erinnerungen und schriftlichen Zeugnissen gelingt dies. Auch hier sehen wir, wie wenig die einzelne Quelle oft weiterhilft, sondern erst in Verbindung mit anderen aussagekräftig wird.

Zwei Beispiele sollen das verdeutlichen. Die Beziehungen
zwischen den einzelnen Familienangehörigen werden nicht nur
bei Familienfotos sichtbar, sondern auch durch Briefe, die
zwischen ihnen gewechselt wurden. Hier soll auf die Neujahrs-
briefe hingewiesen werden, die zu Beginn des neuen Jahres von
den Kindern an ihre Eltern geschrieben wurden. Aber auch sonst
war der Briefwechsel umfangreich, etwa von in Ausbildung sich
befindenden Kindern, die natürlich außer Haus und oft auch
außerhalb des Ortes lebten.

Die Bedeutung der Konfirmandenfotos für die Feststellung des
Wandels der Kleidung im Dorf wurde schon erwähnt. Sie können
gut kombiniert werden mit mündlichen Berichten, aber auch
schriftlichen Zeugnissen wie z.B. Schul- oder Kirchenchroniken
und natürlich Angaben aus der Literatur.

Schließlich sollte man nicht vergessen, daß Bilder eine gedruckte
Darstellung erst im wahrsten Sinne des Wortes anschaulich machen. Wenn
man ihre speziellen Hilfen für die Erarbeitung der Dorfgeschichte zu nutzen
weiß, werden sie aber schnell mehr als nur eine schmückende
Beigabe.

3. Kirchen- und Schulchroniken

Eine Fülle von Material enthalten in aller Regel die Kirchen-
archive. Die Auswertung kann allerdings Schwierigkeiten bereiten. Das Material, welches in Kirchenarchiven zu finden
ist, kann man grob in drei Gruppen aufteilen:

- Kirchenbücher,
- Aufzeichnungen über den Grundbesitz, die Einnahmen, allgemein die Verwaltung der Kirche,
- persönliche Aufzeichnungen der einzelnen Pastoren.

Die Kirchenbücher enthalten, meist beginnend im 17. Jahrhundert, die Angaben über die Geburten/Taufen, Aufgebote/Trauun-
gen, Sterbefälle/Beerdigungen. Sie sind jeweils jahresweise
von den Pastoren notiert worden. Im 17. und frühen 18. Jahr-

hundert sind solche Aufzeichnungen noch sehr unsystematisch, ab dem 18. Jahrhundert erfolgen sie zunehmend in tabellarischer Form. Sind es für die ersten Jahrzehnte vor allem Leseprobleme, die Schwierigkeiten bereiten können, so stellen sich darüberhinaus ganz allgemein die Fragen der Auswertung.

Früher wurden die Kirchenbücher meist nur benutzt, um genealogische Studien anzustellen. Das gilt heute auch noch, doch hat man erkannt, daß die Kirchenbücher noch eine Menge weiterer Informationen enthalten können. So kann man mit Hilfe einer einfachen Auszählung der Geburten, Sterbefälle und Trauungen (oder "Copulationen", wie es meist heißt) schon einiges erfahren über gute oder schlechte Jahre.

Andere Fragestellungen können ebenfalls geklärt werden, wie etwa die nach dem durchschnittlichen Lebensalter der Menschen früher. Hier helfen die Angaben der Sterbefälle weiter. Ihre Auszählung wird meist ein erstaunliches Ergebnis haben. Zwar war das durchschnittliche Lebensalter sehr gering, aber vor allem deshalb, weil schon viele im Kindesalter starben. Wer die ersten 10, 15 Jahre überlebt hatte, konnte auch durchaus 60 Jahre alt und älter werden (wenn auch nicht so häufig wie heute).

Verhältnismäßig leicht läßt sich auch berechnen, wann etwa geheiratet wurde, ob im Frühjahr, Sommer, Herbst oder Winter, ob in der Woche oder am Wochenende. Bei der Berechnung der Wochentage hilft "der Grotefend" (Taschenbuch zur Zeitrechnung- siehe Literaturangaben des Abschnitts B 3) weiter.

Neben den Kirchenbüchern enthalten die Pfarrarchive aber noch weiteres Material. So helfen die Aufzeichnungen über die Verwaltung der Kirche und ihres Grundbesitzes weiter bei der Bearbeitung der Kirchengeschichte. Auch zur Beantwortung anderer Fragen sind sie manchmal sehr hilfreich. So für die Schulgeschichte, da beider Verwaltung meist zusammenfiel. Die genaue Verzeichnung des Grundbesitzes kann auch bei einer Sammlung von Flurnamen weiterhelfen, zumal die kirchlichen Angaben

weit zurückreichen. Schließlich sei noch auf die Aufzeichnungen der Pastoren sowie auf eingegangene Briefe verwiesen.
Insbesondere die Aufzeichnungen der Pastoren können regelrech-
te Chroniken darstellen (manchmal werden sie auch so geführt).
Diese Chroniken enthalten zuweilen zahlreiche Informationen,etwa
über das Wetter, Feuersbrünste, Ernten, Kriegsereignisse, auf-
fällige Erscheinungen.

Zwar war der Pastor meist ein Ortsfremder, der die bäuerlich/
ländliche Bevölkerung auch mit Herablassung betrachten konnte.
Doch mußte dies nicht so sein. Vor allem aber lebte er im
Gegensatz zu den herrschaftlichen Beamten auch im Dorf und
mußte mit seinen Dorfbewohnern auskommen. Damit nahm er so
etwas wie eine Mittlerrolle ein. Zwar mit gehobener Ausbildung
und damit schriftkundig, war er doch gleichzeitig ein genauer,
wenn auch manchmal etwas voreingenommener Beobachter des Dorfes
und seiner Bewohner.

Während solche Chroniken zumeist aus dem 17. bis 19. Jahrhundert vorliegen, stammen Schulchroniken vorwiegend aus dem
20. Jahrhundert, wenn auch aus seinen ersten Jahrzehnten. Ihr
Wert kann sehr schwanken. Doch lohnt es sich immer, danach zu
suchen (bei einer solchen Suche kann man in den Schulen auf
manch anderes gutes Material stoßen). Wer Glück hat, findet
eine Chronik, die nicht nur Schulinterna beinhaltet, sondern
die eine gut geschriebene Einführung in die Schul- und Dorfgeschichte darstellt - und damit auch Hilfen bei der Bearbeitung der mündlichen Überlieferung im Dorf bietet.

4. Zusammenfassung

Überblicken wir noch einmal unsere Suche nach Quellen zur
Dorfgeschichte vor Ort, so stellen wir fest, daß sie vor allem
zur Geschichte seit dem Ende des 19.Jahrhunderts ergiebig wird,
von Ausnahmen abgesehen. Verglichen mit dem, was in mehreren
Jahrhunderten vorher geschah, sind diese 100 Jahre von nicht
zu unterschätzender Bedeutung für die Entwicklung unserer
Dörfer. In diesem Jahrhundert haben - vorbereitet durch die

Agrarreformen bis Mitte des 19. Jahrhunderts - Veränderungen von nie gekanntem Ausmaß stattgefunden. Der Einbruch städtischer Vorbilder (auch sichtbar an vielen Fotos aus der Zeit vor dem Ersten Weltkrieg), das Zurückdrängen der Landwirtschaft, die Brüche durch den Ersten und vor allem den Zweiten Weltkrieg, der Neuaufbau nach 1945 mit einer anderen Bevölkerungsstruktur, all diese Dinge haben das Dorf stärker verändert als die Jahrhunderte zuvor. So müssen wir die oben kurz vorgestellten Quellen schon aus diesem Grunde sehr ernst nehmen und sie auswerten und nutzen.

Wir sollten sie aber noch aus einem anderen Grund ernst nehmen. Im Gegensatz zu den in staatlichen Archiven verwahrten Unterlagen sind die im Dorf in vielen Fällen von Vergänglichkeit bedroht, d.h., viele können in einigen Jahrzehnten nicht mehr benutzt werden. Das gilt natürlich besonders für die mündliche Überlieferung. Noch können wir mit ihrer Hilfe etwas über die zwanziger Jahre erfahren, in zehn oder zwanzig Jahren dagegen bereits nicht mehr. Das gilt aber auch für viele Fotos, die ohne Erläuterungen manchmal schlichtweg unbrauchbar werden, und diese Erläuterungen können nur die Alten geben. Das gilt auch für manch einen Brief, manch ein Tagebuch oder sonstiges Material, welches privat aufbewahrt wird. Zu groß ist die Gefahr, daß dieses Material nach dem Tod des jetzigen Besitzers verloren geht, weggeworfen wird, verbrannt oder verschenkt.

Gerade hier hat also der Heimatforscher eine große Aufgabe. Eine Aufgabe, bei der er auch tatsächlich forschen kann, die manchmal detektivischen Spürsinn verlangt und deren Erfüllung Freude bereitet.